www.ingramcontent.com/pod-product-compliance
Lightning Source LLC
Chambersburg PA
CBHW071228130726
47998CB00002B/873

خمس كلمات

دار حروف منثورة للنشر والتوزيع

الطبعة الأولى

الكتاب: خمس كلمات

المؤلف: أحمد حَمّور

تصنيف الكتاب: شعر

تصميم الغلاف: فريق الدار

تنسيق داخلي: فريق الدار

رقم الإيداع: 2021/2777م

الترقيم الدولى: 9789778573176

مؤسس الدار

مروان محمد

Website: https://horofbooks.com

Fan page: http://facebook.com/horofsbooks

Email: info@horofbooks.com

هاتف جوال: 00201113006296 – هاتف جوال: 00201064054995

شعر

خمس كلمات

أحمد حَمّور

الفهرس

ميلاد و طفولة وشبيبة

ومشيب وممات

ميلاد بيجيبنا للدنيا

بيبعت للوجود اشارات

عشان يتلقّى ناس تانية

فيدّيهم رُخَص لحياة

طفولة بتاخد الراية

من المولد كعيل تاه

وتعمل منّها حكاية

تبان ساذجة لكن بتعيش

وما تطوّلش؛ بتشبه جيش

بيعلن حربه ضد؛ مافيش!

يبات مهزوم و مستسلم

لحكم ف أرضه من أغراب

و يجرى بسرعة و يسلّم

زمام أمره لـ يد شباب

فيرفع رايته فوق؛ للنور
ويزهق منه قوم؛ ينزل
يشرّقها. يغربها
ويسكن تحسبه مجبور
وفجأة بتلاقيه بيثور
ويبنى للعلا ابراج
ومـ بيخضعش نفسه لـ تاج
ويتحرر فيتخبط و يتحيّر!
طريقه منين؟!
يتوه ف البحث و التنقيب
ويتعب فـ يسيب الراية
ساعتها يمد ايدُه غريب
ويرفع رايته بعناية
(عجوز) الشكل إسمه مشيب
وبـيسيب الشباب و يروح
مكمّل ف الطريق وحده
وقدّامُه الطريق مفتوح
وجسمانه الزمن هَدُّه

وشايف مشكلة ف مسعاه

لكنّه صعب يتغيّر

يبص بحزن للى وراه

فيتشائم و يتحسّر.

وفجأة بتسكن الخطوات

وروحه من الجسد تتشد

ويتغلف مشيب بممات

ساعتها بتسقط الراية

ومش بتلاقى ايد تتمد...

ساعات بانسى اللى فات وأرجع

أفكر فيكِ من تانى

و بانسى أنّ اللى أنا عشته

معاكِ لسه سايب جرح

معاد الفرح

لسه مجاش

يا مستعجل على النسيان

لازملك كام سنة تتعاش

ف حزن و غلب وكآبة

وكام دمعة يروحوا بلاش

ومليون ضحكة كدابة

وقلبك يدخل الانعاش

وممنوع قربه أو يتزار

وعينك بعد مـ تسلم

دموعها للى مش هيحس

وللنوم ساعة تستسلم

تفوق على صفارات أنذار

بـ تعلن انتكاسة قلب

معاد الفرح لسه مـ جاش

ولما مننا يقرب

هنلقى طعمه متغير

و يا نوافق ونتأقلم

يا نرجع تانى للأول

و نستحمل و نتألم

ساعات الماضى بيعلم

لكن تعليمه مش بالسهل

وأنا فضّلت أعيش فـ الجهل

وأكون من بكرة مش خايف

ولو عارف

فـ هعمل نفسى مش عارف

أعزائى صُحاب العقل

هنيئاً ليكوا بالنعمة

و أنا لو جهلى خلانى

قليل الفهم مش شايف

فـ أنا قابل أعيش أعمى...

الدار أمان

و النفس محتاجة الهدوء

اتدارى من غدر الزمان

قلبِك طلب حق اللجوء

والبيت دا بيته و حق ليه

سلمتيه ليه للى يجافيه ؟

علشان يطلّع كبتُه فيه

علشان من الاحزان يدوق

سُكّى البيبان. الخلق برة

ع الضعيف قايمين بـ ثورة

وأنتِ من النهاردة عَورة

لما قلبك هان عليه

سُكى البيبان

قلبك جريح

متخبّى منهم ف الضلوع

اللوم عليه قاسى وصريح

وأن صد لومهم بالدموع

سُكى البيبان

حواليكى ريح

شايلة سنين ذل وخضوع

البُعد دايما كان مُريح

والذكريات أسوأ رجوع..

مسافات

وما بين الحلم وتحقيقه

ومابين التايه وطريقه

وكلام القلب وتصديقه

طالت مسافات

ومابين العين و اللى تحبه

ومنابع شوقك و مصبه

ووصول العقل لشئ طالبه

طالت مسافات

ومابينك و مابين ناس فانية

وسكك خطاويك وسكك تانبة

ورضا البنى آدم ع الدنيا

طالت مسافات

سيب كل همومك يابنى هناك

وأرجع وطنك خالى الأزمات

وأنسى الجرح المحفور جواك

وكأن الغربة عدو ومات

وأرجع للى سنين استناك

دا ما بين دلوقتى وزمن فات

طالت مسافات

العشق

العشق مطر عـ القلب البور
بيرجّع فيه نبضه و روحه
ويخضّر أرضه و يطرح نور
بعد ما سِمع الكون صوت نوحه
ويوزع ضيه ف شرق وغرب
وينشر عِطره ف جو وأرض
ويعلن ع الأحزان الحرب
وطاعته عليهم تصبح فرض
وفجأة بيظهر طبع سخيف
ويطلب ان يكون ليه وجود
يحط مصير للعشق مخيف
ومهما أن غاب دا أكيد بيعود
وتظهر شمس ظهورها عظيم
تصحّى شعور بالحزن قديم
وتوزع ضوء جارح وأليم
بـ يفيد. لكن أضراره كتير
و مافيش جو بـ يبدأ بالغيم
إلا ويخلص بـ أسىَ وتكدير

حلم!

وما كانش عارف وقت ما الحلم انتصر

أنه النهاية لعمر هيحس بـ صفاه

بعدين فـ وقت الزحمة وقت امّا انحصر

قلبه م بين الموت و بين شِبْه الحياة

وماعدش باقى فـ قلبه للى فات اثر

ولا لاقى نفْسه فـ عالم الحاضر فـ تاه

متشتت الخطوة النجاح ما بيسعفه

عقله اللى كان راكز همَىَ فـ كل اتجاه

سيفه اللى كان فايز ماعدش بينصفه

نوره اللى كان حايز ومش محدود مداه

حتى اللى كان واقف معاه وكان يعرفه

منذ الصغر – دلوقتى مش واقف معاه

لكن برغم ان الحنين كان كَتّفه

والحزن فتّح فـ الخدود مجرى الدموع

كمّل عشان صعب انّه يترجى الرجوع

يسمح بـ إنه يبُص لو لحظات وراه...

يا مالكة زمانى ومكانى

وعقلى وروحى وحنينى

وحشتينى

يا سايبالى فـ كل خلية

بصمة حرمة أبدية

على غيرك

يا شايفة القلب والنية

ودايما ساكنة حواليا

يا حرية

ووياها شوية قهر

عشان يتحس بقيمتها

يا جنة و فيها مليون نهر

وبحر وحيد

عشان يظهِرلى حلاوتها

يا شمس

ونورها ليا وبس

وعالباقيين بتبعت نار

يا أطهر قلب دق وحس

وحب وغار وضم وثار

يا حضن ودار

يا لحن و صوته من قلبى

وكل ضلوعى له اوتار

وخارج من شرايينى

وحشتينى

ياروحى وطالعة من عينى

وسايبانى جسد ممدود

وفاقدك بس؛ مش مفقود

ولا على موته

لاقى شهود

وكل المخلوقات كارهاه

وأى طريق إليه مسدود

وأرض لأرض. ترمينى

و صيت موتى مالهش حدود

كأن الكون

موقّف إجراءات الدفن
ومستنيكى تتنازلى
وتيجى ولآخر مرة
تضمينى.
وحشتينى...

جاى ف معادى

جايلك ف معادى ومش هاخلف

وإن كان في بينى وبينك موت

وإن كنت هودع الف حبيب

وهسيب أصحاب ووطن وبيوت

وزمن من عمرى اتربيت فيه

فـ انا قابل أحيا معاكى ثوانى

وهى كفيلة تغطى عليه

جاى فـ معادى وقبل مـ أجيلك

علمت العقل يكونلى مطيع

وهيستحمل منك ويلك

والقلب أساساً رده سريع

بلغنى يكون ليكى ذليلك

ووريدى هيتحول لفتيل

وهيسحب من دمى لعينى

فتولع وتكون قناديلك

وتنور ليكِ ف طول ليلك

جايلك فـ معادى وصبرى طويل

وإن دامت وياكِ الرحلة

فـ هسيبلك كل مسافة دليل

هاقطعه من جسمى عشان ممكن

تتضايقى من شوقى اليكى

أو لهفتى أو غيرتى عليكى

وتحبى تفارقى فماتضليش

جاى ف معادى

ورافض أنى أعيش

لبشر فـ الدنيا و مش ليكِ

فـ احيات العمر اللى قضيته

عايش بس بافكر فيكِ

لو إيه حصل وبايا؛ ما تمشيش ...

خلينا اخوات

لما قالتلك خلينا أخوات

كان قصدها لِمّ اللى باقيلك

صورك ورسايلك... مواويلك

وشعورك ناحيتها بميلك

وتبطل تفكيرك فيها

لما قالتلك خلينا أخوات

معناه تفضل هى حبيبة

بس مش أنت اللى حبيب ليها

أما عجيبة!

مستنى إيه تانى عشان تفهم

ممكن علشان حابب تحلم

فبتحلم إن اللى حصل حلم

شكلك من كتر ما شِلت الهم

ما بقتش تحس.

ما بقتش تفرّق.مين فرّق أو مين بـ يلم

امشى وحسسها ولو كان كدب

أنك بتحس وعندك دم
عارفين أنك شايل جواك
وعلى كتافك تُقل جبال هم
دايما مهموم
ويادوب بتوصّل يوم باليوم
وتنام موجوع وتقوم مغموم
عارفين أنك شايل جواك
أحزان قادرة أنها تهدم كون
وأن يوم صرحتلنا بشكوى
فـ جواك مليون
وأنك بـ بلاوى الناس مسكون
عارفين أنك شايل جواك
ياخى عارفينك.
عايشين وياك
ضايعين وياك
زي مـ جربت الغربة ونارها
و دُقت مرارها.. دقنا معاك
وأنا

أنا زيك برضو شقيت وتعبت

زيك بالظبط

زى أنت ما دقت. أنا زيك دقت

وعشقت وفـ خيالها اتعلقت

وصبرت لحد ما فات الوقت

وعشت أسير راضى بخيالات

وعرفت ساعتها وشُفت وفُقت

لما قالتلى..

خلينا أخوات...

إلى الشئ اللى خوفنى

ما بعرفهوش ويعرفنى

وبيراقب فـ خطواتى

وما بشوفهوش

وبيشوفنى

إلى مستقبلى الآتي..

إلى المجهول

؛

إلى حصنى فـ حرب القول

وسيفى القاطع المسلول

إلى الملجأ فى أى ظروف

وتارى إن مت يوم مقتول

وجيش الأمر بالمعروف

إلى الكلمات...

؛

إلى هادم صفا الأوقات

إلى صفعة فراق وشتات

إلى حق اليقين والفصل

ومكروه البشر بالذات

إلى قاطع حبال الوصل

جلالة الموت.....

؛

إلى مهرب صوت المكبوت

وكأسرة سلطة الجبروت

ومطلب كل كائن حى

ومستودع وطن بيموت

ومستقبل سعيد مش جاى

لـ حرّية.....

؛

إلى ناس عايشة حواليا

وأسيبهم يمسكوا فيا

وأمدّ ايديا يسيبونى

وبيحاسبونى بالنية

ولما أزعل يضمونى

الى ناسى..

؛

رسالة لـ حُر من مشلول

إلى المجهول / وأما بعد

يا وعد.. ووواعده مش قده

فمش بنحسه و نشوفه

إلى المجهول.برئ منك

لغاية علمى باللى وراك

ولما تجينى وأشوفك

وأعرف مدتك ومداك

هآمن بيك....

؛

رسالة صامتة.للأصوات

إلى الكلمات / وأما بعد

يا صوت الرعد

بيجبر كل ظالم منه

أنه يخاف

وأحياناً تكون اسفاف

قضيت العمر فـ حماكِ

ساعات بتسببى ضحكة

ساعات منك ببات باكى

وفـ الآخر لقيت نفسى

برغم وجودى ويّاكِ

مانيش متشاف

.. عايش شفاف..

؛

رسالة تايهة فى الملكوت

إلى معاليك.. جلالة الموت

وأما بعد

خلاص البُعد

نفد حُكمه، صدر وخلاص

صدر برصاص، صدر لقصاص

صدر بالحرق أو بالشنق

صدر عرضى، صدر مرضى

صدر خلاص

رسالتى ليك ولو طالت

ماهياش تغنى أو تشفع

مافيش روح مـ الجسد تطلع

وينفع تانى ليه ترجع

رسالتى ليك سؤال فانيين

ودايما ترفضه أنت

مكان موتى هيطلع فين

ولو ممكن

.. هموت أمتى؟

؛

رسالة حيرة أزلية. لحرية

وأما بعد :

يا كلمة سعد

لغيرنا بس مش لينا

لناس مش محتاجاها تكون

يا حق اتحق على صاحبه

يا أيد ممدودة من مسجون

وبيشوف نور فـ يفرح بُه

وفجأة يلاقى سجانه

قفل كل المنافذ ليه
لحرية..
لو أنتِ بجد شئ موجود
ياريت يسمحلى أشعر بيه
؛
رسالة من جريح منكوا
ورغم الجرح.. بيحايل
وبيطبطب ، وبـ يواسى
إلى ناسى...
وأما بعد
أنا اللى اتعد
يكون منكم..
ومش شايفينه فيكوا مهم
فيه بينّا عيش وملح ودم
فـ ليه قلب القريب قاسى ؟
إلى ناسى..
فراغ كاسى..
ماهوش معناه فراغ نبعى

ولو أعلنت افلاسى
ف أنا أغنى كدا بطبعى
أنا منكم ولو كارهين
وأنتوا منى وان انكرت
ومهما الدنيا هتاخدنى
وجيت و بعدت. كسبت. خسرت
فـ بينّا عمر قيدنى
رسايل من ضعيف تايه
وعايش عمره مفعول بيه
إلى الفاعلين
وأما بعد.. ياريت الرد
يجيلى منّكم دوغرى
مانيش ضامن
بقية فـ وقتى أو عمرى
ياريت الرد.. يكون عـ القد
عشان فهمى على قدى
ومن غير انفعال أو شد
وآسف لو كلامى طال
ولو عديت خطوط حدى

الدنيا

علمتنى الدنيا إنّى

اعتبر كل اللي راح

منسى مش هارجعله تانى

وانّه دايما فيه براح

وانّ طبع الناس أنانى

والحياة بينهم جِراح

وأنّ قلبى ملك غيرى طول ما عقلى مستباح

علمتنى الدنيا أمسك ف الأمل لو عندى لاح

وأنّ هَجْر اللي يهاجرنى أعلى رتبة ف الكفاح

وأن وصل اللي يجاورنى شئ أساسي لأجل أعيش

علمتنى الدنيا لو رحت أنى أستوطن م اجيش

والشعور م بيتنفّيش

أو بيولَد م العدم

والصراع بين كره أو حب القلوب مهما احتدم

هيصادف يوم يستقر

علمتني الدنيا أن الدهر قلاب زي قلبى

وأنّى لو كاره لنفسى فأزاى الغير يرضى قُربى

وأنّى مش هعلا مـ بين الناس وأنا مُحبط وسلبى

وأن آخر الليل وبعد البرد والظلمات.. صباح

طول م أنا مش باقى عـ اللي كان معايا وفجأة؛ راح.

لو جت هموم الكون عليك

سيب البشر

واقعد لوحدك وافتكر

كام ذنب دبرته بايديك

كام نظرة ليك متحرمة

كام كلمة منك مجرمة

هدت بيوت

كام فرصة قدامك تفوت

ورفضت تتكلم بحق

جواك بيصرخ الف صوت

بالخير لغاية ما اتخنق

وأنت اللى قررت السكوت

وساعتها سيف شرك سبق

لو جت هموم الكون عليك

فـ أنت الملام

و اسأل حشودك أو جنودك

أو صدودك عن سلام

ما تحاولش تنجى نفسك

من شباك الاتهام

كلهم شاهدين عليك

كلهم حتى اللى حارسك

حتى صمتك والكلام

حتى حلمك فـ المنام

حتى دمك ف الوريد

كل ذرة ف جسم بتكوّن

كيان جبار عنيد

كل كلمة وكل أمر وكل فعل عليك شهيد

أنت فـ اليوم دا؛ وحيد.

وصية صديق

جسم ميت، روحه تايهة

و الرِباط بينهم. فَسَد..

عارفة لمّا الروح بتزهق

من صلتها بالجسد

فيكون الفصل اللي بينهم

هى تطلع منه حرة

ويواريه هو التراب

هى دي صورة النهاية

واللي يفرق ف الحكاية

بين حكاوى كتير وبينكوا

هو إنتِ

أنتِ رافضة و هو راضى

أنتِ سلمتى لهواكِ

أصله مش فارق معاكِ

هو قلبه كانله قاضى

يصدر الأحكام بأسمك

أما غيركوا

كانوا غيركوا

لما يتعكر ما بينهم

كانوا بس لبعض يشكوا

غيركوا حابين يبقوا واحد

وأنتوا ضليتوا السبيل

هو كان دايما يميل

وأنتِ طالبة المستحيل

وأمّا كان يزهق ويغضب

كان بيعمل كل حاجة

كل حاجة إلا الفراق

هو عاش الاشتياق

وأنتِ ضيقتى الخناق

شُفتيه كان لازم يطيق

والغريبة ف أنه طاق

طاق لغاية م انتهى

واللي أنا جايلك هقوله

دا وصية من صديق

قاللى روح واعتب عليها

بس م تزيدش العتاب

قلبى مش هيهون عليه

دمعة تنزل من عينيها

حتى لو تحت التراب

قوللها مين اللي غاب

مين عشان مين كان بيتنازل

ومين داق العذاب

قول لها مين اللى ساب

ولا أقولك ، سيبها منى

بس وصل ليها انى

كنت باعشقها بضمير

والوصية بس هى

تفتكرلي أي خير.

وكأنه فار ف المصيدة

شايف بيبانها مقفلة

ونهايته ليه متحددة

لكنه رافض ينهزم

رغم انحراف الكل عنه

هو صمم يلتزم

؛

وكأنها نسمة سَحَر

لمست خدود السهرانين

فاستسلموا ليها بطرب

زعل القمر من دا الأثر

قام لمّ نوره واغترب

فاتعكننوا. قلبوا عليها

ونسيوا خيرها وفعلها

مشيوا ولمّوا أي باقى

من الكلام ومن السهر

وسابوها واقفة لوحدها

؛

وكأنه ريشه ف الهوا

طايرة بدون أي جناحات

لكنهم ماكانوش سوا

فماكملوش الأغنيْات

؛

وكأنها كل الحاجات

الحلوة واللي عكسها

لكنها رغم التعدد والتنوع والصفات

كرهت تَناقُض نفسها

مالقيتش حد يحسها

؛

وكأنه عود اوتار حياته مقطّعة

وكأنها نغمة ألم وعيون حزينة مدمّعة

وكأنه قلب وناقصه دم

وكأنها خطوات ومش واصلين لدرب

وكأنه حضن وناقصه ضم

وكأنها كنز انكشف

بين ناس بتجمع قوتها سلب

وكأنه لما اشتاق وحب

كان حب غُلب

وكأنها لما استجابت يوم لقلب

مالقيتش غيره

ف وش أحزانها وآهاتها درع صلب

وكأنه أول مرة يعشق يوم بجد

وكأنها مالقتش انسان يشبهه

ولا زيه حد

وكأنه حابب يرتبط

وكأنها ف يوم المنى

وكأنه يومه وفرحته

وكأنهم سامعين غُنا

وكأن مقفول باب عليهم واحتواهم م العنا

وكأنهم ماشوفوش ولو لحظات كئيبة ومحزنة

قصيدة صايمة عن ذِكرِك

وصايمة عن تدنّى الذات

ولوّامة لفؤاد فاكرِك

وطاردة الشهوة و اللذات

قصيدة صايمة تمحيكِ

عشان يفضىَ المكان لله

وصايمة عن هيام بيكى

ولو قلبى تِعب م الـ آه

وناكرة لفى حواليكِ

وناكرة روح بتحميكِ

ورافضة لهفتى عليكِ

وكافرة بشوقى واللى وراه

قصيدة صايمة مش ليكِ

دى توبة لقلب ضل و تاه

الحزن

الحزن طبطب ع الجراح

وكفوفه نار

والذكرى حبّت تشترك

زادت العيار

والصبر شاف اللي حصل

ماصبرش و اتألم

وثار

آه يالعيون اللي بكت

مالقيتش فيها دموع تسيل

ولا حتى دم

آه يالقليب اللي انفجر

بعد أما كان عايش صنم

آه ياللسان اللي صرخ

بعد أما طول عمره انكتم

اه يا جسد زى الوتد

يتلوى من كتر الألم

آه يالعيون الدباحين

ياللي ف أول نظرة ليها

قلبى وافق ينظلَم

آه يالعيون الدباحين

يامخلياني لغيرى عبرة

وقلبي كانلِك مُختبر

آه يالعيون الدباحين

ياللى أول م ابتديتِ

كنت أنا ليكِ الخبر

ياللى موج بحرك حاوطنى

وغيرى ليكِ كان عبر

يا أم جيش فوق كسْر نفسى كان بيرقص م الفرح

يا هوى مدد ف قلبى وف شرايينى انتشر

ياللى طرحك طرح جنة بس مش ليا انطرح

ياللى خيرك عمّ غيرى بس كنتِ ليا شر

يا عذاب صب ف كيانى مش مجرد بس جرح

ياللي تاجرتى ببشر

،

أيوة كنت أنا الضحية
أى قصة حب خلصت
فيها م الاتنين أثر
هو يغلط هى تزعل
هو يرجع فيسامحها
هى تتكبر وتعند
هو عزة نفسه تتدخل فلازم عنها يبعد
هى تندم أو ماتندمش وخلاص
القصة تخلص
أما قصتنا؛ بتنقص
أو بينقص بس فيها رغبتى ف الاختيار
هى خلصت ناقصة حتى قبل م تشوف النهار
بس كان لازم هتخلص
والنهاية كان أثرها ادهى من أسوأ دمار
كان أثرها
حزن طبطب
ع الجراح وكفوفه نار
ذكرى حبت تشترك
واتمكنت، زاد العيار
صبر شاف اللى حصل
ماصبرش واتألم وثار

اليوم أنتِ مآنسة فـ قلبي

معزومة الليلة على حكاية

نبدأ فيها باللى تحبي

وهكون صورتك زي مراية

أوّلها هنسرح فـ عيون بعض

وهنتمنى اللحظة تطَوّل

وهكلم عنك طوب الأرض

وكأنى ماعشتش م الاول

ولا شوفتش غير الليلة بنات

باللحظة هنفرح وهقاسمك

واتملّىَ فـ شكلك وفـ رسمك

هحفّظ قلبى حروف اسمك

وفـ لمسة إيد معاليكى هبات

واحكيلك عن متاهات نفسى

عن حلمى الضايع والمنسى

عن لحظات تحريرى وحبسى

عن قلب اتكسر فـ زمن فات

وبلمسة ونظرة صبح مجبور

كان ف الضلمة و شاف فيكى النور

ولأول مرة يجيله الدور

اللى يعيش فيه وكان فعلا مات

عاشت خيالاتها الوردية

بتعاند كل المستحيلات

متطمنة ليه رايحة وجاية

مش متوقعة أي انقلابات

بتعيش اليوم بس وناكرة

بوجود للمجهول أو بكرة

ولا حتى بتعمل للذكرى

أو للماضى ذرة حسابات

عاشت حُرة وكانت فاكرة

إن الواقع زي الروايات!

الحلم مربوط ف الحقيقة ب شئ

جايز وشوش

جايز صور جايز اماكن

أو كلام ف العقل ساكن

أو مواقف ماضية. لكن

جوة منك ما اتنسوش.

بس هى كات حقيقة

نظرة العين البريئة

ضحكة القلب المضيئة

مش هيخفوا طبع فيها

الحقيقة بتبقا صادمة

كل واحد عاش معاها لو يومين قال عنها ظالمة

حتى صاحباتها البنات

كانوا بيقولوا حكايات

قالوا وردة بس شوكها ياما بيجرّح. ماسابش

عقلها طول عمره شغال فـ الردود حاضر ما غابش

قالوا عنها بترمى دبش

أمّا بالنسباله وضعه كان معاها مش لطيف

ليه من الاول بيتعلق بحد لسانه. سيف

ياما فيه حواليها زيف

كل يوم جايب جديد

_ أنت مالقتش إلا دي؟!

= هاعمل ايه قلبى المُريد

_ طب هتتأقلم معاها ؟ طبعها قاسى وعنيد.

= طول ما أنا حابب هيفضل قلبى يتحمّل أكيد...

لَكن استسلم قوام

كل حبه و شوقه ليها. كات بوادر اهتمام

كان مجرد حب منظر

أو مجازفة و اكتشاف

وأمّا زال عنُّه الغمام

كانوا ف نهاية المطاف

شافها صعبة. شافها صلبها مش بتتهز بكلام

كان زهق من طول حدودها من حلالها والحرام

هى كات حاسة بأنه كان مجرد حلم عابر

هو قرر ينسحب من حلمها بعد أمّا عافر
شاف حيائها واحترامها والأصول أفعال مسيئة
كان بيتمنى تلين له زى أحلامه الجريئة
كان عايزها حلم دايم ييجى منه وله يسافر
بس هى للأسف. رغم أنه عارف
كات حقيقة!

حلم غابر

كان مجرد وقت عدّا

كان مجرد حلم غابر

كنت ليه بتزرع مَوَدّة

فـ غيطان الناس الأكابر

إيه هتجنى غير آلامك

مش هيتغرّوا بكلامك

فين مقامك وأحترامك

بين ولاد عِز وذوات

دول غرامهم غير غرامك

ياللي أنفاسك. آهات.

إنسان

إنسان و واهب عمره للدنيا

والدنيا دايرة محاوطة للإنسان

ومحيطها حابس ناس كتير فانية

وموليين وجوههم شطر خيط دخان

مركزها نقطة ف بحر عِلم عليم

والرب قادر ينصف المظاليم

لَكن قلوبهم راضية بالتسليم

رفضوا يفوقوا وفضّلوا التوهان

الدنيا دايرة تنادى

ومسايرة

والسلعة بايرة

والطالب متهان.

الدنيا بتاخد طلابها

لطريق الرايح مش راجع

كل اللى بيقصد أبوابها

بيعود مهزوم ويعيش ضايع

مالهوش أبداً وياها نصيب

بـ يشد حبالها وهى تسيب

ولا ليها عزيز ولا حد قريب

وطريقها طويل كله مواجع

الدنيا دى رحلة بدون ترتيب

والقاصد مستسلم خاضع

اشتياق

اشتياقك للي سابك

أقوى أسباب أكتئابك

وأنه ساب جواك فضا

وأنه ساب فيك منه شيء

وأن عهده معاك مضى

وأنت بتموت بالبطيء

اشتياقك للي سابك

كان سبب كافي لعذابك

فكّرك باللي انقضىَ

يوم مـ ـرديت لأجله بابك

فـ وشوش اللي قريبين

اشتياقك للي سابك

كافى لاجل تعيش حزين..

وما بين الزحمة وأصحابها

أصوات. وصور

نبرات و وشوش

ودخول نتايجها ف أسبابها

وبشر ف الظلم ما يتوصوش

والدنيا و ناسها وطلابها

وآلام وهموم ما بيتلموش

جواك فى شئ مابيتحركش!

قلبك

دا العايش من غير صوت

والنبضات فيه اللى ما بتهزكش

سلّم امره لرب الملكوت

حتى فؤادك فيك وما حبكش

وأنت قاعد بتدَوَر برة

يوم ترضى بظلم ويوم ثورة

ما هى لو كانت روحك حرة

كان قلبك مش هيموت مكبوت

الحرية ان كانت فكرة

فالفكرة بتكبر مش بتموت.

الليل بيفاجئك وبيدخل

على قلبك

من غير استئذان

خلاك مجبر تفضل سهران

بتبات آسى مهموم أو قلقان

بيحرك جواك الأفكار

م النار للجنة ومنها لنار

ويفتش جواك عن أسرار

مش حابب تكشف عنها حجاب

وبيفتح للاحزان 100 باب

ويشيل من فوق الحلم تراب

كان العقل خلاص أخده غياب

ويصحى الوهم و إدمانه

ويغرّب قلبك ف مكانه

فيحس أنه هجر أوطانه

ويخوض بحر مافيش منه نجاه

خلاك تفتكر اللوم والـ آه

وضميرك والمحبوس جواه

خلاك فاكر

(الله يسامحه)

أن مافيش بعد الليلة حياة.

كان صعب عليا ابات مظلوم

ومسلّم قلبى لـ سيّافه

كنت هروح بس أزاي فـ النوم

وعيونى من الاحلام خافوا

كان لازم اخد فيكى قرار

والحكم عليكى يكون جبار

كان لازم عقلى فـ يوم يختار

ويحجّم قلبى وإسرافه

كان أهوَن عندى أبات فـ النار

ولا قلبي وقلبِك يتصافوا..

مصير

تاهت مشاعري والهوى أصبح سراب

والدنيا ضاقت رغم طولها وعرضها

والعقل بطّل كان خلاص فاض اكتئاب

و الذكريات جهرت ساعتها برفضها

كل اللى فاكرُه. قلب هربان مـ العذاب

خطواتُه يومها كات بتدفع بعضها

كان كل همه وأن طواه يومها التراب

أن المصير ما يكونش داخل أرضها..

فيلم السهرة

والليل كان فارض سيطرته

وكأنه ماهوش شايف بكرة

وكأنه ملك ساد مملكته

...

والنوم وزع عـ الناس حصصه

والناس بين أجساد اترصّوا

وعقول رفضت فعاقبها بـ جور

فيلم السهرة ماهواش مأجور

ولا كام لقطة وبيعة وشروة

ولا هيكون عرض قديم وسخيف

فيلم السهرة ماهواش تخاريف..

قاللك كان فيه عيل غلبان

عايش متهان من اقرانه

كان دايما يتفشخر بـ زمان

كان مدمن عاشق إدمانه

سنه بيكبر قدراته تقل

على عكس الناس عايش ف الضل

وف يوم قرر يحيى الأمجاد

عايز ف سباق الدنيا يفوز

راح شارب كل الماضي وزاد

قام مات من تأثير. أوڤر دوز...

_ مش حلو

_ أزاي

_ زي ما بؤلك

.. حسيته ضعيف أو مستهلك

_طب خد دا

_ هات

_ قال لك كان فيه شوية خواجات

على ظلم الناس والزور عايشين

بيمشّوا أمورهم بالحوارات

والناس علشان خايفين. راضيين

راح واحد م الناس إياهم

قرر ليثور على بلواهم

والناس وياه هتكون حامياه

وهيمحي من الكون ذكراهم

قاعد طول الليل بيدبر

ويجهّز اشى أفعال وكلام

طلع الصبح عليه بيدور

فلاقاه سارح ويا الأحلام؟

_ مافهمتش

_ مش لازم تفهم

_ طب ليه بتحكي

_ اللهُ اعلم

_ أزاي هتسيبها بدون إلمام

_ م أنا حطيت علامات استفهام

_ طب كنت تسيب غيرك يختم

_ بص أحنا نروح كالعادة ننام.

سينا

ليلة السادس من أكتوبر

واجب رسم عليه متأخر

وجميع سكان البيت نايمين

وزعيق (الأبلة) وتهديدها

وصورتها وصوتها. طول اليوم

كان طَيّر من أجفانه النوم

راح نوّر لمبة اباجورته

وفتح كراسته.

بدأ بالرسم.

أعلى يمين الورقة ف زاوية

راح راسم شمس

لوّنها بلون أصفر سارح

مبسوط أن اللون لسه جديد

(بابا سمعته بيحكى إمبارح

أن اليوم دا كان حره شديد)

سرح اللون الاصفر منه

و رسم خط بعرض الورقة

،

الصحرا أكيد حامية عليهم
انتصروا أزاي على أعاديهم
هارسم أعداء من حواليهم
وأحنا بنقتلهم بالألافات
وأنا أهو بأرفع علمي ف سينا
وجنودهم مساجين ف أيدينا
والأرض بتتزين لينا
زمن الاستسلام عدا وفات

؛

الصورة بتبهت و بتبعد
الوقت عليه كان أتأخر
فتّح عينه
حاول أنه يفوق
غلبه النوم فاستسلم بهدوء

؛

نقطة نور عمّالة تقرب

بتشق الضلمة وجاية عليه

النور بيزيد وتبان تفاصيل

بيشوف الحرب هناك من فوق

وكأنه أخيراً بقا بيطير

سينا و تحرير وطنه المسروق.

صرخات. وآهات عالية وتكبير.

الله أكبر. جيشنا بيعبر

صوت الصواريخ وآثار تفجير

وجنود جرحى ودمّ وشهدا

والصورة تروح والصوت يهدا

وبيسمع همس بصوت عارفه

مامته تصحيه فيقوم مفزوع

تحضنه وتطبطب على كتفه

(حد ينام كدا ع الترابيزة

قوم كمل نوم بقا ف سريرك)

ويوافق ويروح لسريره

قبل م يمشى يشوف كراسته

ويشوف شمسه الدايرة الصفرا

والخط اللى عمل بيه صحرا

وبقية الورقة فراغ ابيض

وكأنها كات دايما طاهرة!

سينا كانت ومازالت حرة

تركيبة

مُعادلة من سلالة طين

ونفخة من رحيم ومتين

وناتج كان جميل تقويمه

لكن طامعة فيه الشياطين

عقابه لو تمادى النار

ثوابه جنة الأبرار

بإذن الله قادر يشفع

وأحيانا عاصى وجبار

وأحيانا قوى وجبروت

بيتباهى بعلو الصوت

فـ لحظة بـينتهى ويموت

ويصبح سر مـ الأسرار

عجيب العيشة والافكار

غريب النشأة والمنبع

يـدوّر عـ الوطن والدار

وحزنه فـ قلبه متربّع

ويسأل روحه كل نهار _
_ وليل. أمتى الألم يشبع
وأمتى يحب أو يختار
وقلبه بـطبعه يتطبّع

عابر سبيل

عابر سبيل ف الدنيا دي

ووجوده فترة مؤقتة

للخير بيسعى ويهتدى

خطواته ثابتة و مُلفِتة

مش أي بيت ينزل عليه

ولا أي أوطان تحتويه

عارف طريقه وماشى فيه

والغير خُطاه متشتتة

رغم الهدف صعب وبعيد

ووصوله ليه شئ مش أكيد

لكنه هيفوت ف الحديد

وهيحيي أحلام ميتة

لعنة

ملعونة حبال كات عايزة الوصل

ما بين قلبين.. من تلج ــ ونار

منبوذ الفرع ان كان الاصل

رخيص السعر.. اتربّىَ ف عار

مقطوع دابر اهداف تافهة

ملعونة مشاعرى وإسرافها

موبوء مِن شافها ويعرفها

مذموم يا حاببها من الأقدار

مغلوب على أمرُه ومتقيّد

أصبح عبد وكان السيّد

ف الأحزان له قصر اتشيّد

الأهبل فاكر إنه اختار!

حلقات مفقودة من الوجدان

والحلقات الباقية انفرطت

والذهن اتعلّق بالاحزان

والدنيا على الجسم اشترطت :

_ يا تعيش راكع ويّا الباقيين

يا تموت متغلّف بالنسيان _

فاختار انّه يكون مـ الخالدين

لا يصيبه الموت.. ولا يبقىَ مُهان

ولا يشبه حد من العايشين

فانسحبت منّه و واخدة معاها _

الروح. سايباه هيكل من طين

افردى جناحك وطيرى

فوق حدود المحتمل

أي شئ بيعيق حركتك

أبعديه بسيف الأمل

وارفعى راسك بعزة

واطلبى حقك بقوة

حقك انك تبقى اعلى

فوق مقام الكبرياء

اطلبى منهم يجولك

هيكونوا وياكِ فورى

والمعارض والمقاوم

واللى عاشوا بـقلب ثَورى

لو شافوكِ يوم فى ضيقة

كلهم راح ييجوا دوغرى.

خطوات جلالته الواثقة

شالت عن الجمع الغمام

لما دخل

من غير سلام

وقفوا لحضوره وانحنوا

شاور بصابعه فاستووا

قعدوا بأمره وسلموا

واستنوا يبدأ بالكلام

_ مين السبب

.. مين المُلام؟!

(الصمت خيم ع المكان..

كرر سؤاله و زاد غضب)

_ مين السبب ف الانكسار

..جهزنا جيشنا سلاح نار

رسّخنا جوة جنودنا تار

كل اللى خططناله صار

إزاى جيشى الصلب اتغلب...
(قائد جيوشه قام وقف
. طلب السماح له بالكلام
. وافق جلالته فابتدا
يروى عليه اللى حصل)
_ الأرض مولاى الملك.
(بص الملك له. فارتبك
و طلب يكمّل قصته)
_ الأرض مولاى الملك
رافضة الخضوع
رغم أنّها. دون أهلها
لكنها. رافضة الخضوع!
بعد انسحاب جيش العدو
و استقرار الحكم الرشيد
بدأت تحارب هى جيشنا
حرب جيش صامد. عنيد
النبع كف. الزرع جف
الرمل بالجند استخف

بقا كل يوم

الموت يلف

على جيشنا يحصد فيه حصاد

قلت ف الأول عوام

جُم يطالبوا بانتقام

خدت من خيرة الجنود

فرقة قاسية كالاسود

رحنا ع الوادى قتلنا

كل شئ حى نلاقيه

كنا فاكرين أن ليلنا

دا انتصارنا فيه الأخير

وأن بكرة هيقابلنا

بابتهاج و سرور و خير

جالى جندى مـ المعسكر

كان جريح غرقان ف دمه

قاللى

(أرض الجند ثارت

والرمال هاجت و ماجت

حرب غير متكافئة بيننا وبين جنود مش ممكنة

والجنود صبحت رفات

و اللي باقي بس. أنا)

قالها. و اتشنّج. و مات

رحنا بنشوف الحكاية

واتفاجئنا بالنهاية

أرض من كام ساعة كات عمرانة بجنودنا المهيبة

باتت اليوم دا خراب

كان ظلام الليل كئيب

والسكون صعب و غريب

والجثث مرمية فوق الرمل فايضة ع المكان

والعيون فيها بتلمع لمعة الرعب المميت

خدت باقى الناس و جيت

كان محال يبقالنا بعد الليلة ديه هناك مبيت

....

السكون عاد من جديد

الملك باصص لقائد جيشه مستغرب أكيد

(الوزير فجأة وقف

طالب السماح له بالكلام

وافق جلالته فابتدا

تعليقه ع اللى اتقال قوام

.. قائد جنودنا كان حكيم

لما انسحب

الأرض ملعونة وحصل فيها العجب

لكن ما كناش للرواية مصدقين

معروف سموك بالكرم وأنك أمين

اعفُ عن القائد مالوش ذنب انكتب

ولا له سوابق جُبن ولا خان من سنين

المعركة فاقت خياله فاضطرب

ورجوعه لينا نصر هيبان بعد حين...

عم السكوت

وقف الملك

أعطى الوزير اذن الجلوس

أعطى معاه عفوه عن القائد كمان

و بنفس خطواته اللى دخلت واثقة

ساب المكان

واستدعى مسئول الحرس

...

دارت الكؤوس

قدام جموع الحاضرين

والفرحة بالنصر المبين

أو بانسحاب قائد فطين

تاهت عيونهم عن غياب بعض الحضور

...

جوة الكالوس

ضحك الوزير

ضحكة صداها كات هتلفت الانتباه

لولا ان قائد الجيوش كان حذره

وبدأ حوار بينهم في هيئة وشوشة

_ قائد عظيم.. بحكاية حققت المراد

= خادم جلالتك و البلاد

_.........

= أمتى التحرك راح يتم

_ وقت الشروق

.. هتروح تقود جيشى اللى واقف ع الحدود

= إللى فى حكايتى دا صبح مالهوش وجود؟

_ هاهاها.. هو تمام

.. وفـ وقت شمس الضهر مـ يكون عزها

هتكون واقف ع البوابات

وهكون انا خلّصت عـ الحاكم هنا

وهتدخلوا القلعة ف سلام

= أمر مولاى الملك نافذ. تمام

_ لسه مابقتش الملك..

ولحد دلوقتى.

اللى أنجزناه.. كلام

= الشمس بدأت ف المغيب

.. ومعاد جلالتك ويّا كرسى الحكم

هيكون الصباح

.. والصبح دايما كان قَريب

وساعتها راح نكتب على قصة ملك

مضحوك عليه كلمة

(ختام)

....

مشهد مثير (قبل الأخير)

وقت الشروق

بعد امّا غادر قائد الجيش

لاجل ما يتم المراد

كان الوزير

ومعاه جنود مش معروفين

داخلين على أوضة الملك

(إزاى فاتت عليه غيبة كل الحرس)

الأوضة فاضية

فجأة يلقى نفسه متحاصر بحراس مخلصين

وبضربة قاضية من وراه

(عمّ الظلام)

...

(مشهد أخير)

وقت شمس الضهر كان فيه عِزها

والجيش محاوط قلعته

مستنى بابها ينفتح

.. مابينفتحش

راس الوزير

طارت و نزلت تحت رجلين الجنود

وسهام كتير

بتغطى عز الشمس وتفوق الحدود

و بصوت جهير

بينادى قائد الحرس

(عاش الملك.. مات الجبان)

(عاش الملك رغم اللى كان)

و بضربة قاضية تشبه الاولى تمام

نشّن عليه

ع القائد الصّلب الهُمام

وفـ ثانية _ وسط ذهول. ومش فاهم

فيه إيه

عم الظلام

وساعتها مات مكتوب بدمّه

فوق تراب أرضه

(الختام)

ضيف هاتف الدار على موبايلك مباشرة

لزيارة موقع

لزيارة صفحة الدار

للتواصل مع الدار واتس آب

مجلة الدار لإصداراتها الورقية